NEGLIGENCE INTENSITY

SUMEET KUMAR

Sumeet Kumar

Sumeet Kumar , A adult who experiences many phases of life , a well known writer and a writer of new era . In reality he is a writter as well as singer (as a hobby) and a standup comedian . Very exciting and interesting fact about him is that he is author of New era i.e. he starts his journey of writing at the age when he was going to schools to get the study . His streak of 100 books will be the great achievement for him in future. His some famous works i.e.

Maturity Of Love (Genre - Love),Privacy For Dream (Genre - Middle Class), Army Squad ofLove (Genre- The Seperation of Army Love), 5 Days of Love(Genre- Temporarily Love), Th e Endearment Of Love(Genre - Historical Era Of Love), Social Destruction Indo-Pak (Genre - The Story of The Love At The Time Of Division Of India And Pakistan), Middle Class Soul (Genre - The Dreams of Middle Class), The Accursed Kanatpur (Genre -The Horrific Story Of A Village), Wrong Number (Genre -The Suspenseful Physco Killer Story), The Secrecy OfDeadly Midnight (Genre - The Suspense About a Crime),Fragile Religious Of Death (Genre- The Death Of A TrustfulPerson), Nature Vs Science (Genre - The Future Battle Between Nature And Science In A Horrific Way), Generic Man (Genre - The Dream of I.I.T), The Unconsious 12 Hours(Genre - The Illusion At Stage Of Comma), The StrangeBurden (Genre - The Burden Of Love) , Her Existence (Genre- The Female Pain In The Society) , Jockstrap Prize (Genre -The True Story Of A National Athlete) , H Man [Hindi] (Genre - Superhero Tragic Story), H Man [English] (Genre - Superhero Tragic Story) , Maturity Of Love [Englsih] (Genre - Love) and many more are available on various geners on the offcial platform of **Amazon, Flipkart and Notionpress**. You can buy them from there.

Contents

Acknowledgements

Aman Kumar

Special Thanks to **Aman Kumar** who worked so hard in the preparation of this book. He has continually put with my passive voice, omission of words, and late night calls. You have been wonderful. Thanks to him for his precious time in reviewing proposals , individual chapters and early drafts, along with his suggestions on the applicability of the material to the world.

I

SACRIFICE WITH CONDITION

Ish purri zindagi mein kuch yaadeion aishi hoti hai ja na toh jeene ki fidrat sikhati hai aur na hee marne ki talim deti hai peer un yaadeion ki gusthaki bash itni shi hai vo galat hokar bhi sab ki najron mein sahi savit hote hai aur rahi baat hamari matlab insaan aur uski ruhh vo purri tarah seh galat hoti hai ,jab ma ki mamta mein bachpan ki har vo haqqeqat samne aati hai toh ham pehle unse anjaane rehte hai ,aur unki dunoya bhi hamse behad anjaani hoti hai ,per syaad vo haqqeqat agar hoti toh hamari cahat hamesha adhuri hee rehti ,khaira chaat seh ek baat yaad aayi ki har din talim ek jaishi bilkul nahi hoti ,per galati seh kishi ki kismat hee ulti nikli mera mtalba bilkul opposite nikili toh ,matlab vo saare din jo vo saksh jii raha hai agar ek jaishe hue toh ,kya zindagi ki har vo kahirat ush waqt sacchi lagti ye phir juthi lagne lagti hai ,mujhe ye baateion bilkul nahi pata kyunki ye na toh meri mehfil seh jaate hai aur na hee ye mere sapno ki pechaan hai ,bachpan seh har vo saksh hame yehi sikh deta hai ki padh likh ma baap ka naam roshan karo ,per log ye kyun nahi bolte ki agar koi madad chaiye toh ham bhi tumhare sath rahge ,ish duniya mein rishto ki asliyat kuch khaas nahi hai ,do pal ki zindagi hai aur hazaro pal ke kayi gam shammil bhi ,rishto ki kuch haqqeqat hoti hee nahi hai asliya mein ,ham har waqt har jagah kishi na kishi ki umeed khud ko dhundne ki koshish karte hai ,unhe cahne ki riwayat karte hai per kya vo riwayat kabhi kaam aati hai ,aishi baat ki sahare ki aash har kishi ko hai yeha per kuch log hai jo unke beigar chalne ki gusthaki kar nahi sakte ,har waqt har jagah yeh zindagi badalate rehti hai log badalte rehte hai unke khwaab hai badalte unki umeed bhi badalti hai per sach kahu toh unki fidra kabhi nahi badalti ,ish duniyta mein mohabatt kishi ki tamana nahi hoti aur na hee ek acchi zindagi kishi ki talab hoti hai ,per phir bhi ham unhe cahne ki koshish karte hai unhe paane ke lie p[ani purri shiddat laga dete hai per akhir mein vo khwaab phir bhi purre kyun nahi hote kya kabhi kishi ne ye socha hai ,vo kehte hai na har ek mehfil chand ki tarah bilkul nahi hoti jo sukoon bhi aur andhre ki qafas seh durr bhi rakhe ,hamari zindagi bilkul ush sooraj ke kirno ki tarah hai jo hamer roshni toh deti aur ek nayi zindagi bhi per badla meiun uske tap seh ye purra bramhand bhi har ek naayab cheez jishe log prem kehte hai vo asliya mein prem nahi ek darr hai ,mein jish sasksh ki kahani batane vala hun ,sayad uski zindagi bhi kuch inhi panno ki suagat mein chupi hai ,kehne ko toh vo kaffi sadhran hai per kuch pehlu hai jo ush ek saksh ko khud seh har waqt alag karne ki bagabat karte hai ,kamayaab hona zindagi mein zarrori nahi per agar na kamayab bhi toh zindagi bhi ush waqt kuch khass nahi hai ,sapne har kishi ke hote hai janab per haqqeqat mein unhe purra vhi kar paate hai jinki umeed ush parwaaz seh hoti hai .

maine kayi baar middle class family ki baateion ki ,unke saare vichar batye hai ,vo kab galat aur kab sahi hote haia aur vo kya jhelte hai maine vo har baateion jahir ki hai per sayad ish baar ki talim kuch alag hai ,mere lafzo ki dua mein kuch aishi tabeer shammil hai jiski tulna mein cahh kar apne khwaab seh nahi kar sakta ,mein purri duniya toh nahi ghuma aur na hee unki baateion kabhi suni hai jo mere sath thhe aur aab sath nahi hai phir bhi itna janta hun ki ish zindagi hame do tarah ke lamhe milte ek vo hote jinmein ham khud ko sambhalne ki koshsih karte hai aur dusri taraf vo jinki yaadeion mein ham khud ko biagarne ki koshi karte hai ,per inki haqqeqat bash itni shi hai ki ye vo un do pahiyo ki tarah hai jinki rail gadi aage peeche hoti rehti hai ,kabhi ish mor per toh kabhi ush morr per ,per agar sahi tarreqe seh aap iske sath reh gaye toh zindagi aashan bhi lagegi aur sayad acchi bhi vo per agar galti seh rashto mein koi uljhan aa jaye toh zindagi thodi alag ho jati aur sayad kahi na kahi bahut zyada ulajh bhi jati hai ,per aishi bhibaat nahi hai ki ham ushe sambhal nahi sakte ye unki raahe hamse alag ho jati hai ,kyunki zindagi mein aishe raste kuch hote hai yaar jo apko kahi na kahi sahi bhi lagte hai aur galat bhi ,per inki pechaan ek hee hoti jo syad do pahlu ye tarreqo seh dikhayi jati hai pehli vo jinse ham kuch hassil karte hai aur dusri vo jinse vo inaayat mein mili hui cheez bhi hamse alag ho jati hai ,per maine pehle bhi kaha hai ki inke raste kabhi alag nahi hote bilkul ek jaiseh hote hai ,aur alag kuch ho bhi jaye toph ush waqt insaan ki fidrat hee hoti hai jo dikhti toh ek per kabhi ek jaishi hoti nahi hai ,ki kishi ne kuch lafzo mein ye sauagat kahi zindagi ki baare mein .

"KI RAAH
SEH ANJAAN
HAI TOH
MANJIL
KI KHAWISH
MATT KAR
NA
AANHEION MEIN
AGAR CHAMKA
HAI TOH USKI
FARMAIYSH
MATT KAR
NA
TU
KHUD JAGTA HAI
TOH
JAGG
JA NA
PER BADLE
MEIN USH

SOORAJ
NUMAAISH
toh
MATT KAR
NA ."

hamari zindagi bilkul ush probability ki tarah hai jo ek hee baar hamare hisse mein aati bhi aur chali bhi jaati hai ,per hamse kabhi kuch jahir nahi karti ,aishi baat nahi ki hame sabdhaan nahi karti ,karti hai per ush waqt ham aishi ahosh mein khoye rehte hai jiski kadi meiin hame iski sabdhani bhi ek raskh ki tarah lagti hai matlab un sapno ki tarah jo ham dekh toh sakte hai per kabhi purre nahi kar sakrte kyunk iski haqqeqat hee kuch aishi hoti hai jo hame khud seh alag kar ke hee apni zinadgi mein dubara lane ki koshish karti hai .

maine ke baat bahut pehle hee kahi aur kayi logg bhi hee ishe kehte hai ki hame zindagi sambhalne ke liye ek hee mauke ki cahat bhi hoti hai aur numaaisha bhi kyunki dusra mauka kabhi aata hee nahi hamari zindagi mein aur aar vo aane ki cahat bhi kare toh sayad ush waqt hamari ruhh ish apanane ki koshsih hee nahi karti aur agar galti seh kar bhi le toh wqt aur cahat don ush waqt hamare hathone seh gujar jaate hai aur hamseh ish tarah furqat le lete hai jish tarah aayne seh uski parchai gayab ho , aur ish tarah seh ush saksh bhi zindagi bhi kuch ishi tarah hai jinnki gaaliyon mein ush cahand ki numaaish toh hai per uski roshni thodi adhui hai bilku ush sapno ki tarah hai jinhe har roj dekhne ki cahat sho hoti toh hai per badle mein vo uski cahat hame ush waqt khud seh behad durr karne ki cahat karti hai .

"

KUCH
KHWAAB
ADHURE HAI
TOH KUCH
BAATEION
BHI
AUR
MANJIL
TOH SAMNE
DIKH RAHI
HAI PER
USKI RAAHE
MERI
NUMAAISH
MEIN
HAI
HEE
NAHI ."

agar rishto ki banabat sahi ho na toh ek saksh apni zinsagi mein aaye hue har mushibaton ko jehle leta hai per agar vhi uski banabat khrasb ho toh sayad vo ek chhoti shi barbaadi ki jhalak bhi apne hisse mein jhel nahi sakta kyunki ushe ush cheez ki kabhi aadat thi hee nahi ,agar zindagi ke har vo khwaab jo hamne dekha hai agar vo kabhi purre hue hee nahi toh unhe dekhen ki khwaish kish kaam ki ,uski numaaish agar en hathon mein aa bhi jaye toh aishi fidrat kish kaam ki ,jishe ham dekh kar bhi anjaane bann jaye , bharosha zindagi ki vo sabse badi aehmayiat jo na toh kishi ki gareebi dekhti hai aur na hee kishi ki aameri ,aur na hee kad aur bhau ,isi aadat jish saksh ko lag gayi ,matlab waqt ke sath uske wajood ki bhi sach mein lagg jati hai ,ish duniya mein khud ki ruhh ek waqt per dhoke ki cahat karti hai jab maut kabr ke samne ho toh ,ush waqt ham kabhi ye nahi sochte ki jeene ki fidrat kaishe kare ,agar kabr ki hava lag hee chuki hai ish sarrer ko toh phir ruhh ki bagabat kish kaam ki ,aur iski baateion aur iske saare pehlu kish kaam ki ,per zindagi mein dhoke bhi do tarah ke hote hai ,ek vo jinki muraad kuch aisi hoti hai ki baat jehan tak toh jaati per dil ki fidrat ushe samjhan nahi paati ,ish duniya mein khud seh raqeeeb koi nahi agar seedhe sabdo mein kah toh dushman ,kyunki ham jo bhi karte pehle khud ke liye dusre ke liye nahi karte ,per ve cheeze karvati kaun hai hamare dil ki fidrat jiski cahat hee kuch aishi hoti hai jiske liye purri zindagi bhi kuch khaas kaam nahi aati ,bachapn seh lekar bade hone tak pehle ham apni umar ko samjhate hai phir umar hame samjhati hai aur jab haom dono ek dusre ko samjhane ki koshsih karte hai toh beech mein ek aishi barbaadi samne aati hai jiseh har kishi ki mehfil nash ke hee naam ki talim mili hai aur vo koi aur nahi mohabatt hai ,khair jab kabhi bhi en baateion ko sochta hun toh khud per bhi hashi aati hai aur auro per bhi hashi aati hai kyunki agar sahi tarreqe seh dekha jaye toh ish duniya mein har sehar mein koi chautha aishi insaan hai hee jisne apne dil aur dimaag ki bilkul band baja di hee vo bhi sirf ek saksh ke chaakar mein ,har koi devdaas bana phir raha hai ,matlab ek toh pyar pehle seh itna common ,upar seh ,caste society ,pareshaniya ,umeed ,sapne ,cahat aura agr kuch baateion likhi na toh purre paane ki suagat inhi ki talim seh bhar jayegi aur jo kahani suru hone vali sayad vo waqt seh pehle hee khatm ho jaye ,ish kahani ki haqqeqat batane seh pehle ek gujarish hai ki apne seat ki petri bandh le ,aur agar koi zarrori kaaam hai toh kar le ,kyunki ye na toh hava mein udne vali hai aur na hee zameen per rehne vali hai

,kyunki iske har paaane ki sauagat ush haqqeqat seh judi hai jishe aap dekh kar mahasoosh bhi karege aur iski cahat bhi karege .

kishi ke sapne bade hote hai toh kishi ki umeed badi hoti per agar apni kismat ko chhod kar agar zindagi mehnat ki taraf toh sayad ye dono cheeze apke hisse mein muqambal ho ,per khairat ham sirf unhi cheezo ke peeche bhagte hai jo hamar kismat seh behad durr hai ,aur hamari amanat seh bhi per sayad ye baateion hame tab pata chalti hai jab hamare kismat vo adhuri zindagi bhi hamse behad durr rehti hai ,kash vo laut aaye aishi gujarish karte hai ,ish duniya mein khud seh bada dost koi nahi hot aur khud seh badi dushamni ham kabhi kishi seh kabhi palte hee nahi per fak bash itna hai ki ham un logo seh har ek waqt waqif hona cahta hai jo hamare hisse mein kabhi hai hee nahi ,waiseh ye kahani ush ladke ki hai jiski cahat toh bahut kuch thi karhne ki per kismat ne ek aishi tabhai seh muqabil kar diya ush ek saksh ki uski raahe usse bhi behad alag ho chuki uski kismat mein aur jish cheez gaujarsih thi ushe vo kahi adhuri hee raaho mein kho gayi ,ish duniya mein do tarah ke log ek vo jo tutt kar bhi aage badhne ki cahat kar lete hai aur apni riwayat seh ish purri duniya mein khud ko ek aishi pechaan dete jishe pa karne unki purri duniya khushiyon ki mehfil seh bhar jati hai ,irada zindagi mein agar kuch karne ka ho toh fasle mohabatt seh bilkul alag hone chaiye tabhi sapno ki cahat haqqeqat mein badlegi ,aur uski udaan ham ush manjil per lekar jaygei jaha jaane ker liye bhi ush uparvale ki sirf umeed nahi chaiye purri kismat hee apne hisse mein shiddat ki tarah bashi ho tabhi ye khairat mumkin hai .

II

STRAY JOURNEY WITH MIDDLE CLASS

Agar raste kayi ho aur manjil ek ho toh sayad zindagi aashan hoti hai per manjil anke ho aur raaste ek toh zindagi ki jo hera pheri hoti hai vo aishi morr per jakar rukk jati hai jaha ham ye soch bhi nahi sakte ki aage hone kya vala hai ,ushi tarah seh agar aap ek raste per na chalkar kayi rasto per chal;ne ki koshish karte ho toh sayad ush waqt apki zindagi bhi kuch ish prakar ho jati hai jaha na toh soch kaam aati hai aur na hee sochale ,maltal mere kehne ka matlab hai dil aur dimaag ki bilkul band baaj jati hai ,soch kya raho ? karoge kya ? bash ishi tarah ki baateion ush waqt purri zindagi kaatne ko daurti hai ,har koi janm lete hai kamayaab nahi hota aur marte hee uski purri daualt rakh mein badal nahi jaati ,agar kishi barbaadi likhi hai uski ksimat toh ush bhi waqt lagega barbaad hone lagega aur agar hisse mein sirf farogh likhi hai toh ushe bhi apnane ke liye zindagi ke unhi daurr gujarne ki riwyat karni paregi jisse ham pehle bhi gujar chuke ,khair baateion ke sahare na toh zindagi chalne vaali hai aur na hee ye puri kahani ,kyunki khwaab tabhi purre hote jab ser per aashmann ho aur mehnat ki chadar bhi .

mein jish saksh ki kahani aap sab ko batane vala hun uski kahani toh normal hai per zindagi kuch aishi hai jishe mein apne lafzo mein bhi kehne seh ghabara hun ,akhir kahu bhi toh kya kahu ,matlab aishi bhi zindagi hoti hai kishi ki ,ek taraf barbaad dusri taraf khamoshi aur hisse mein vo khushi jo ush saksh ko aage badhne ki talim deti hai ,maine aishi kayi zindagi dekhi hai jisme log khud ki khamoshi ke aandar apne wajood ko pechaan hee nahi paate ,khud ko mahroom kar lete un gaaliyon jinki koi cahat kaam nahi aane vali per en sab seh kya matlab ,agar zindagi mein apne ek din bhi barbaad kiya toh vo ek din aage jakar ek aishi barbaadi lati hai jishe na toh ham samjha paate aur na hee kabhi ushe bhul paate hai ,kuch ish tarah ek aishe safar ki sururaat karne ja raha hun jiski wajah bhi mulajim hai aur aur sapne bhi .

13 APRIL 1999

13 april 1999 ka matlab kya hai ? matlab jish saval ki riwayat maine aap sab ke samne khadi ki iski bhi ek wajah hai vo bhi saksh jiske naam ki pechaan ROHIT DHAWAN hai ,ye na toh kishi indian cricketer ke player aur na hee inhe cricket khelne ke saukh hai ,iske naam ki pechaan hai jo mein aap sab ke samne lane ja raha hun rohit ka matlab (the first rays of sun) matlab sooraj ki pehli kiran ,hamare bharat desh mein har naam ki ek pechaan hoti hai aur vo aishi hoti hai jiski talim hee kishi ilm seh ki jaati hai ,matlab vigyaan seh ,kyunki ush waqt hamare ma baap yehi sochte hai ki ham aage jakar apni zindagi mein kuch bada karne vale hai aur alag karne vale hai ,per na toh vo kismat kabhi samne aati hai aur na hee vo khwaab purre hote hai ,ish duniya mein ham jo bhi sochte hai uski banabat bilkul alag hoti hai ish jamane mein aur sayad kahi na kahi behatr bhi per galat raste mein ,13 april ko ek middle class family mein janm lene vala ladka jsike naam ki pechaan ush soorja ke kirno seh ki gayi jiski khairat ne har kishi ko ish zindagi mein sirf aage badhne ki ye toh talim ye toh unhe vo roshni di hai jiske wajah ek insaan apni zindagi mein kabhi nahi harta ,ish saksh bhi kahani aishi hee hai ,hisse mein vo harr cheez jinse kishi ki zindagi sambhal bhi

sakti aur bigar ,jab rohit dhvwana ne janm liya toh inke ma baap kuch bade khwaab lekar ,na hee vo umeed ki khairat thi jishe aaj lag pareshaniya samjhate hai ,bash ek chhoti shi aash thi ki thi ki ye jaisha bhi rahe apne bhavishaya mein bash accha rahe ,ish zindagi mein agar koi apke sath nahi hai ,aur khamoshi har jagah bash apke hisse mein hai toh zindagi ush waqt bhi sadharan tareeqe seh chal sakti hai agar apke ma baap apke sath hai ,ish samaj ko koi fark nahi parta ki aap jii kaiseh rahe ho ,ye kya kar rahe ho ,apki talim mein farogh shammil hai yeh nahi hai ,usse fark nahi parta unhe per jishe din apki aadat thodi shi bhi badli toh samaj apki cahat ko badal dega ,aur vo cahat ek aishi aandhi lati hai jiske hone seh aap na khud ko mehfooz keh sakte ho aur na hee khud ko khush naseeb ,aishi koi khairat hai ish purri kahani jo mein aap sab ke samne layun per ek chhoti shi aash hai jo nacahte hue bhi aap sab ke samne lane ki riwayat karni hee paregi ,bachpan mein har kishi ki yaadeion behtarin hoti hai ,ham ushe har ek dafa aur har waqt bash sirf yaad karna cahte hai ,ushe kabhi bhulna nahi cahte ,ushe bash apne kareeb rakhna cahte hai aur kabhi alag nahi karne cahte kyunki uski umeed hee hamare ghar mein deep jalati hai ,aur inke ghar jish deep ki mein tulna kar raha hun vo koi aur nahi inke pita ji jinka naam ARVIND PRASAD hai aur jish mamta inke bachpan ki har vo yaadeion ek nayi tabusaam deti hai har baar ush pechaan ka naam SUMAN DEVI hai jo ki inki ma hai ,ma baap duniya mein vo seema hote hai jinke mamta ki koi seema nahi hoti ,ish duniya aap dosti mein dhoke kha sakte hai ,pyaar mein bhi kha skate aur rishto mein bhi per ma baap kabhi dhoke nahi dete ,na hee vo apko kabhi kishi dikhave ki chadar mein rakhte hai ,vo toh ek aishi mehfooz deewar banate hai jisse purri duniya darti hai apke pass aane seh ghabrati hai ,aur apke bachpan ko auro seh behtar banati hai ,rohit dhawan ki zindagi mein aishi koi mushibat nahi aayi jab tak mein class 10th mein thhe ,matlab unhe vo har khushiyan mili hisse mein jiski zarrorat har ek insaan ke jeevan ke liye zarrori hoti hai ,jaishe ki vo pyar ,ek acchi padhai , aur jeevan mein har cheez jiski zarrorat hai ,per kehte hai jiske har sitare ush chand ki sifarish mein rehte hai ,uska ek tutt tha hua tara unse alag rehta hai ,jo zindagi sururaat mein rehti hai vo zarrori toh nahi ki aanat tak chale ,matlab bachpan ki yaadeion tak toh theek thi per uske aage kya kabhi kishi ne socha ki karma ek aishi cheez hai jo apke har ek samay ki tulna karta hai apko har vo cheez deta hai jiski apko zarrorat hai ,agar aap kishi ke sath galat kar rahe ho toh ye mulajim hai ki vo zindagi apke sath kabhi kuch sahi nahi karne vali ,agar kitne waqt tak barbaadi apke hisse mein rahegi aur kitne waqt tak apna kamayab rahoge ye khush rahoge akhir ek na ek din vo lamhe barbaad toh hoge hee ,ushi tarah rohit dhawan ki zindagi mein bhi ham ek aishe morr ko dekhne vale jiski ahosh mein unki har vo khushyian cheen gayi jish per najj hota tha ush saksh ko .

toh ye pehli barbaadi jo phir ke baar mohabatt seh hui thi mere kehna ka matlab 10th boards dene ke baad inki zindagi mein ush morr ki sifarish hui jishe ham barbaad kehte hai ,waiseh ush barbaad ka naam bata dun ,matlab naam ki pechaan bhi kuch aishi hai ki ushe harr baar soch mujhe bash vo tabusaam hee dikhayi de rahi hai per mein bhi kya karu baat hee kuch aishi hai ,kyunki unki mohabatt ki sururaat hee khushi naam seh hui thi ,samjhane vale samajh chuke hai per jo nahi samajh pa rahe hai ,unke liye ek khaas baat hai ,matlab KHUSHI koi aur nahi inki vo pehli baraabdi jishe inhone mohabatt manne ki galti thi ,log maturity ke baare mein kaffi kuch bolte hai dekhte bhi hai ,per kya kabhi mahasoosh kiya hai akhir mein maturity hoti kya hai ,agar nahi kiya hai toh sayad en raasto mein vo sikh aap sab ko mill jaye ,sayad ye 11th standard ki baat hogi ,mujhe mulaqat ki vo baat toh nahi pata aur na hee mein ush raat seh waqif hun per itna zarror janta hun ki ye barbaadi bhi aaj kal ki duniya ki tarah normal thi ,matlab pyaar ek seh per sansaar kayi seh ,pyar karna koi burr baat nahi per agar ek seh na hokar teen ,chaar paanj seh ho toh vo kaun shi zindagi jishe sayad mein bbhi samjhane ki koshih karna cahat hun akhir kya naam de ish pyar ko ? kehte hai na chingari ko bash ek hava chaiye aag mein badalne ke liye ,bash zindagi vhi seh barbaad hone lagti hai , pehli mohabatt aur pehli barbaad ham cahh kar bhi apne hisse mein kabhi bhul nahi paate ,jab rohit dhawan ko asliyat mein khushi seh mohabatt hui toh vo uske itne kareeb ja chuke thhe ki uski har baateion cahe vo juth bhi kyun na ho vo unhe sacchi lagti hai ,vo jab milne bulati tab jaane ki cahat une maan mein ek aishi aandhi laati jinhe vo rauk bhi nahi sakte thhe ,per unhe ye baat nahi thi ush waqt ki ish mohabatt ke jaal mein romeo aur juliet bhi kabhi mill nahi paaye thhe kyunki samaj ne unhe kabhi milne hee nahi diya ,per yeha toh baat hee kuch aur thi ,kyunki jish ladki seh vo pyar karte thhe vo kishi aur seh pyar karti thi ,aur vo ek nayi thhe teen char thhe ,matlab ishe pyar nahi keh sakte kyunki mohabatt toh ek aishi cheez hai jo logo ko aage badhati hai ,zindagi mein agar aap kahi tutt chuke ho toh ush waqt share ki vo wajah banti hai jiski ahosh mein aakar aap khud ko mehfooz kehte hai,per kya uski deeware mein sach mein mehfooz hoti hai ,ish natural duniya jab logg artifical emotions ke sath jab kishi seh khelte hai na toh ek banda ush waqt tutt jata hai ,mein aaj tak ish rahesya ke jaane ke liye peeche para hun ki kya hee milta hai loggo ko kishi ke dil ke sath khel kar ,kaun shi fateh naseeb hoti hai hisse mein jo cahat bann jati hai unke liye ek waqt per, ek samay pe ye cheeze zarrori bhi ho jati hai jab ham apne bhavishaya ko chhodkar apne ateet mein jeete hai ,maine kayi baar ye kaha ki ye zindagi jitni aashan dikhti hai utni hoti nahi hai kyunki isme kayi logo ke emotions sweet sugar aur coated layer ki tarah ishe nuksaan pauchate hai ,mein kabhi purri dunioya toh nahi ghuma aur na hee kabhi dekhne ki riwayat ki hai per itna zarror janta hun har kishi ki mohabatt aajkal bash ush product ki tarah jishe log sirf ek hee baar istammal karte hai uske baad vo ushe vhi fhek dete hai jaha ye baat likhi hoti hai ki "USE ME " ish slogan seh aap sab ko iski asliyat toh pata chali gayi hogi toh phir chinta kish baat ki aage badhte hai ish kahani mein aur dekhte hai kya hota hai ,waiseh aage badhne seh pehle kuch baateion hai jo mein aap sab ko batane vala hun per iski haqqeqat mein bhi nahi janta ,sayad ye baateion kayi logge ko buri lag sakti per kehne ki ijjat hai toh mein apne iljam vhi rakhuga jaha iski sabse zyada zarrorat hai ,kya kabhi kishi ne ye socha hai ki zindagi mein jab sab sahi chal raha hai ,mere kehen ka matlab subh mangal tabhi ush waqt hamari kismat ye mohabatt ye maturity ye affection aur tamana naam ki cheez kyun aati hai ,matlab ye pehle seh kaha thhe ? aayne ki sirf ek hee haqqeqat hoti hai ki jo ham dekhne ki koshish karte hai vo hame kabhi nahi dikhata aur agar dekha jaye toh mohabatt ki bhi vhi sachai hai jishe ham apni aankheion seh dekhte toh per uske peeche kayi raaj chupe hote hai ,vo insaan ush wqt tutta nahi per aandar seh syaad kuch aishi kami ho chuki thi jiske wajah seh vo sahi raste jo ushe apni manjil tak lekar jaate hai vo sayad aab usse durr ho chuke hai ,kaun kehta hai ki chhoti umar mein mohabatt nahi hoti agar india ke ratios dekh liye jaye toh yeha har second mein 1000 seh bhi zyada dil tode jaate hai ,kya koi galti ki thi ushe saksh ne mohabatt kar ke yeh koi fareb kiya tha ? phir bhi jiosh saksh ko usne itni shiddat seh caha akhir vo mili kayun nahi akhir kaun shai kahairat uski mohbatt mein usse durr ho chuki thi ki hisse mein vo aakar bhi usse lag ho gayi , khushi ko ye baat kabhi mahasoosh hee nahi ki vo kitno ke sath kehl rahi hai aur kitno ko nuksaan bhi paucha rahi hai ,en sab ke baad jab rohit dhawan ko ye baat pata chali ki vo aur bhi kayi logge seh pyar karti hai vo, ye isse pehle kishi saval ki bariyan uske hise mein jaati vo ush sehar ko chhod kar ja chuki thi vo bhi bina kuch kahe ? ki badi shiddat seh ek baat likhi hai maine sayad unke hisse mein sahi ho ..

"

KI TARREQ
TOH TAY
KAR LI
HAI
USH KHUDA
NE MERE
MARNE
KI
PER MERE
KABR
PER
USH JURM
KI KHAIRAT
AAB BHI
KHALI
HAI
AUR JISHE
MAINE
PURRI

SHIDDAT
SEH
CAHA
AAJ KAL
USKI
BAAHON
MEIN TOH
KISHI
AUR KI
SIFARISH
HAI .

KI
BETA HISSAB
RAKH
LO BAARI
HAMARI
BHI AAYGEI
AUR JISH
KHEL
MEIN TUM
KHUD
KO BADSAAH
SAMJHATE
HO EK
DIN USHI
CHAUKATH
PER TUMHARI
AULAD
HAME
PAPA
KEHKAR
BULAYEGI .

”

III

ACHING MOVEMENTS

Kehte hai agar kishi cheez ki ek baar lat lag jaye ,cahe vo nasha hee kyun na ho toh vo ek aishi cheez hoti hai jo malham ki tarah toh kam karti hai kishi jhakm pe ,per waqt ke sath jab uski aadat lag jati hai aur jab ham ushe chhodne ki sifarish karte hai toh vo ush waqt jaane ka naam nahi leti ,ish duniya mein negativity itni badh chuki hai ki positvity ki koi baat hee nahi karta ,jab schools seh mein ye colleges mein jab professor aur teachers hame ishi cheez ke baare mein padhate hai ,ye kishi lesson ke baare mein padhate hai toh ham ush kuch waqt ke liye toh yaad rakhte hai ,per waqt ke sath ushe bhul bhi jaate hai ,per zindagi mein seh jab koi lesson mile ye jab vo hame kuch sikhati hai cahe vo aachi cheez yeh burri hee kyun na ,ham ushe kabhi bhu nahi paate ,kyunki ush waqt sirf ek saksh ki baateion nahi hoti ,use sath uske ruhh ki baateion hoti hai ,jishe tarah khushi ne bina bataye hee sehar chhod diya tha vo bhi ek aishe saval ke sath jo ush saksh har waqt pareshaan kar rahi thi ,ushe khud seh alag karne ki riwayat kar rahi thi tab ush waqt na toh uski mohabatt ne uski fidrat ko bachane ki koshish ki aur na hee uske wajood ne ,ush din ke baad rohit dhawan ko ye baat saaf pata chal gayi thi ki emotions ,feelings ,aur insaniyat ki koi jagah nahi hai fareb mein aur na hee isse ushe koi fark parta hai ,jishe tarah ush ladki bina kuch akhe hee apni saari muraade purri ki vo bhi ksihi ko dhoke ki talim dekar aur apni fidrat bhi jatayi ushi tarah kishi aur ki cahat bhi aab vhi ho chuki thi ,zindagi mein agar theory milti hai toh intrest ush subject ushi waqt khatm ho jata hai ,per jab life mein pratical mill jaye toh zindagi ki vo thesish bhi samjah mein aati hai aur uske vichar bhi ,kay kabhi aap sab ne mahasoosh kiya hai ki jab ham kishi behad kareeb ho jate hai toh ham ushi ki tarah banne ki koshsih karte hai ,aur sayad waqt ke sath ham apne wajood ko bhul kar uski ki cahat bann jate hai ,matlab ssedhe sabdo emin kahu toh ye bhi ek tarah hera pheri hee hai ,kyunki jish khel ki pechaan uske fareb ne di aab vhi kishi ki pechaan bann chuki thi ,aur vo koi aur nahi rohit dhawan ki hee pechaan bann chuki thi aur kuch aishi pechaan bann chuki thi jiski wajah seh ush saksh seh itne dil tode jiski ginti bhi nahi ki ja sakti ,jab khsuh ush sehar ko chhod kar chali gayi thi tab ushi waqt seh rohit dhawan en apni fidrat aur cahat dono badal di ,matlab jish galliyon mein sharfat ki baateion chalti aab unhi gaaliyon mein unki yaadeion bhi unse durr bhagne ki koshish kar rahi thi ,jab rohit dhawan ne apne 12 th boards exam pass kiay uski baad vo apni har ek fidrat ko bhul chuke thhe ,nashe aur burr cheezo ki aishi aadat lag gayi jo yaadeion thi achai ki aab vo unse durr jaane lage thi ,iske baad inhone bhi kayi dilo ke sath khelne ki sirf koshsih hee nahi ki ,matlab khel bhi chuke theh ,aur khelna toh durr ki baat badsah ki jhalak dikh rahi thi inme ,jo inki mohabatt ne inke pyar kayi jhakmo ki riwayat inhe saup dii aab vhi jhakm kishi aur milne lage vo bhi rohit dhawan ke pyar mein ,kayi ladkiyo seh khelna unse baateion karna ,ek sath teen aldkiyo ko dhoke mein rakhana ,per apni seema kabhi nahi par ki ,per kehte hai ek saksh ki maut ho sakti hai bahri mehfil per uski insaniyat marne ke baad bhi kabr mein jinda rehti ,ek waqt aata hai har saksh ki zindagi jab uski fidrat ushe khud badalne ki koshish karti hai ,ush waqt ye toh ham khud badal jaate hai ,ye toh hamari fidrat hame ush waqt purri tarah badal deti hai ,aur ye baateion jhuthi bilkul nahi hai kyunki iski sachai maine apni seh dekhi ahi aur mein ishe kabhi bhul nahi sakta .

kayi waqt aishe hee gujarane ke baad akhir kar unki zindagi mein ek aur ladki aati hai jiske naam ki pechaan hee khubsurti seh hooti hai ,matlab ek mall mein jitne kapde nahi hote hai utne toh inki zindagi mein mohabatt hai ,ZOYA jo ki ek muslim aldki thi per jab mohabatt sacchi toh dhram ki koi ginti nahi hoti ,per hairaan karne vali baateion ye hai ki ye jab mila toh na toh kishi manjil ki sifarish thi aur na hee kishi gaaliyon ki mohtaaz kyunki inki mulaqat hee kuch aishi hai ki agar mein kehne ki koshsih karu toh kaishe karu ye baateion mujhe samjah hee nahi aa rahi .

bachapn mein suna tha ki dil toh baccha hota hai aur ish per gaane bhi nilkle hai ki dil toh baccha hai jii aur thoda nahi ish baar bahut kaccha hai ji ,kyunki inki mulaqat vhi hui jaha pandavo ki harr hui thi ,matlab nahi samajh pa rahe ho ,en dono ki mulaqat social games ke wajah seh hui thi aur ush social games ke naam ki pechaan ludo thi ,matlab kya hai ? aishe kaun mohabatt karta hai vo bhi khelne vali cehezo per jaha bacche bhi khelte hai ,per maine pehle bhi kaha tha ki dil toh baccha hai na toh lajmi hai ki sitaani to karega hee , per ish rail gadi ki patri bhi kuch lambi nahi chali ,lagbhag do saal tak chali phir iski patri bhi khatm ho chuki thi aur pyar vali station bhi ,kyunki jab dono ko ek dusre seh behad mohabatt ho gayi thi tab ush waqt ek baat samne aayi ki ZOYA shaddi suda hai ,per ine seh bhi en dono ki zindagi mein kuch khaasi tabhai nahi hui ,kyunki asli tabhi toh abhi aane vali thi vo bhi zoya ki dadi ma ke roop mein ,jab ye ek dusre seh akffi attach ho chuke thhe ,aur rohit ko bhi jab ye baat pata chali tab bhi suhw aqt zoye rohit ko chhodkar jane nahi cahati ,kya kahe mohabatt cheez hee aishi hoti aache khaase insaan ko bhi majdoor bana deti hai ,ek din jab ye apne aapas mein baat rahe tabhi ushi waqt zoya ki dadi ma ine baat karte hue range hath pakad liay uske baad jo khairat likhi vhi hui ,dono ki baat cheet band aur inki rail gadi phir seh ushi station per ja ruki jaha sirf veeran sadke thi aur khamoshi ki deeware ,aur sath mein devdaas aur paro ki yaadeion ki filme ,maaf karna kuch baateion hai jo jehan mein rehh chuki hai ki zoya ki jisse shaddi hui thi vo ladka ushe pasand bilkul nahi tha aur jish bandhan mein vo bandhi thi vo ek jabran jodi thi , en sab ke baad unki kabhi mulaqat nahi hui ,na hee koi baat cheet ,aur ne hee unhe ek dusri khabar ,matlab jish kunee mein paani ki kami thi pehle seh aab vo purri tarah seh kahli ho chuki thi .

matlab iske baad kya hee kahu ,mein jitna inki kahani mein aage ja raha hun utan hee khud kismat ki riwayat seh nafrat seh ho rahi hai ,matlan aisha bhi kahai hota hai kya ?khud ki rehmat agar inhe juda karne ki hee thi toh phir en dono milaya kyun unhone ,agar dono ke hisse mein khushi ke badle aasyun hee dene thhe toh phir en dono ke itna kareeb lane ki koshsih hee kyun ki ? dono toh pehle bhi jii rahe thhe dusre ke beigari phir ek duser seh waqif hokar jab en dono ki ruhh ne furqat li toh kya thhe inke halat ?

jab log burre waqt per apka sath dete hai na,aur ush waqt jab apke sath koi nahi hota toh ush waqt hame ush saksh ki aadat shi ho jati hai ,aur kahi na kahi ham unhe apni purri bhi mann leta hai ,asihi baat ki jab waqt bura ho toh aldke sath nahi dete per kismat bhi badi tabayaf hai jo waqt ke sath ham jhakm ki riwayat utni hee deti hai jitni ki ham kabhi jhel hee nahi paate ,rohit dhawan ki zindagi mein ek aishi bhi khairat aayi thi jo sayad 2019 mein hui thi ,matlab na hee ksihi seh abat na hee koi pyar aur dosti bhi kuch khaas nahi ,matalb ush bande ko akele rehne ki aadat shi ho gayi thi ,khud mein hee mahroom ho chuka tha ,na hee kishi seh baateion karna ,na hee kishi seh milna ,bash ek kamre mein khud ko band rakhna aur khamosh bhi rehna ,tab ush waqt rohit ki zindagi mein zoya ki entry hui thi ,kayi logg hote hai ish duniya mein gam baatne ke liye per koi ek skash hota hai jo hame samjhane ki cahat karta ,hamari majbooriyan janne ki koshish karta hai ,hame sambhalne ki koshish karta hai aur hame har waqt aage badhne ki talim deta hai .

en sab ke baad ush skash ne kabhi morr kar nahi dekha ,khud per mehnat ki aage badhne laga ur akhr mein ek gym trainer bhi bana ,per vha bhi mohabatt ke kale badal ne inki seema rauk li per vo aage badhne seh pehle hee tutt gayi kyunki jishe ladki rohit ne teesri baar mohabatt ki thi vo ladki sirfr inhe dost hee manti thi , waiseh ush ladki ka nama toh nahi pata per ha vo bhi bhi hisse mein hai ek dost ki tarah .

ye fasle yehi nahi ruke ye aur aage badhne lage aur itne aage badhne lage ki inki zindagi vo ladki aati hai jo inhe sambhalti bhi aur aur sayd inki farogh ki shiddat bhi banti hai ,waiseh ush saksh ka naam janvi hai mere kehne ka matlab jo ki unse pyar toh karti thi per kismat he kuch khaas nahi hai inki kyunki ye na toh aapas mein mill kar reh sakte hai aur na hee ek dusre seh kabhi alag ho skate hai ,kyunki janvi ki shaddi pehle seh hee ho chuki hai per pati premi ki thodi nahi bahut kami hai ishi ki waja seh ye ek dusre sath hokar bhi ek sath nahi hai ,duniya mein daulat seh kabhi mohabatt nahi chalte ,aap roti kharid sakte ho ,kapde kharid sakte ho per nafs aur mohabatt bikne vali cheez hee nahi hai .

per aishi baat nahi hai ki ye sath nahi rehte mohabatt na hokar bhi inke beech ek aishi mohabatt hai ki ye kabhi ek dusre seh alag nahi reh sakte hai ,hamesah ek dusre ke kareeb rehte hai ,baateion bhi hoti hai ,aur har ek tarah ke gam bhi baate jate hai per vo baat hui na ki hathon mein ladoo toh hai per ushe ham kabhi kha hee nahi sakte ,abhi kahani khatm nahi hui ,abhi toh sruraat hui ush daur jishe barbaad hai per khushi vali ,janvi ko pyar toh rohit seh ,per maine pehle hee kaha hai ki vo kabhi ek dusre ke sath reh nahi sakte ,per ye kaishi mohabatt ki jab rohit kishi dusri ladki ke kareeb jata hai toh javi aur bhi jealous ho jati hai ,waishe ye kahani khatam toh nahi hui hai purri tarah seh per bakki bhi hisse mein kuch khass nahi hai ,en sab ke baad vhi sath mein ghumna ,phirna baateion karna ,per isse zyad kuch nahi , phir akhir kar mein vhi khamoshi janvi ke chale jaane ke baad aur khud ko traning mein busy rakhna aur dusro ko aage badhne ki talim dena ,khdu ko ghar seh durr rakha ki uski yaadeion aur taqleef na de ,aur phir vhi tanhaiye vhi gam aur khud ko mahroom karna bhi , per waqt ke sath ye kaishi aandhi hai jo inki zindagi mein NIKITA bann kar aayi hai ,phir vhi attraction vhi baateion ,aur bahut saara pyar per ye dosti vali ye mohabatt vali mujhe ye baateiob bilkul nahi pata kyunki ishe jaane ke liye aap sab ko part 2 ka intezaar karna hee hoga ,per ha ek baat bata deta hun ki rohit dhawan pehle seh koi trainer nahi thhe unhe nikita ne hee trainer banaya tha ,aur phir uske baad vo unki zindagi seh gayi ye nahi ki ki abhi hai ye toh kuch waqt ke baad hee pata chali gi ,per kya khushi aur janvi ye zoya seh kabhi mulaqat hui ? aur kitni mohabatt hui hai inhe en sab ke jaan ke baad ?

"KI MERI
HAR DUA
KI CAHAT
HAI TU
DIN KA
TOH
PATA
NAHI PER
MERE

HAR
RAATON
KI HIFFAZAT
HAI TU
AUR
MERI JAAN
SIYAASAT
KA TOH
PATA
NAHI
PER
MERE
TIFL
HONE
KI
PEHLI
RIWAYAT
HAI TU .
MAHROOM
KAR DIYA
HAI
TUMHARI
YAADEION
NE VARNA
EK
TABUSAAM
HAMARI
BHI HUA
KARTI
THI
AUR JISH
MEHFIL
MEIN

TUM KISHI
AUR KI
BAAHON
MEIN KHEL
RAHO
HO
EK WAQT
PER USKI
BUNIYAD
BHI
MERE
KABR
SEH
HUI THI."

Printed by Libri Plureos GmbH in Hamburg,
Germany

9 798887 041148